A Fadinha dos dons

Flávia Mendes
Ilustração: Eveline Lucena

Mel estava ansiosa, pois seu primeiro dentinho estava para cair.

Quase todos os coleguinhas já tinham recebido a visita da fada do dente. Eles falavam que ela trazia dinheiro em troca do dentinho.

Quanto mais limpo e bem cuidado o dentinho, maior o valor que recebiam. Alguns amiguinhos já tinham conseguido comprar brinquedos divertidos, lanches deliciosos, roupas e acessórios da moda e até ido ao cinema com o que haviam ganhado da fadinha.

Finalmente chegou o grande dia! O seu primeiro dentinho caiu logo de manhã. Já estava tão mole que rolou boca abaixo quando deu uma mordida no pão. Ela ficou radiante!

— É hoje que vou receber meu dinheirinho!

À noite, antes de dormir, Mel limpou ainda mais o dentinho e o colocou numa caixinha perto de sua cama. Adormeceu olhando o dentinho e sonhando com o que sua fada traria.

Na manhã seguinte, pulou da cama e a primeira coisa que fez foi olhar para a caixinha: não encontrou nenhuma moedinha...

"Ué! A fadinha do dente não gostou?" - pensou ela. – "Eu cuidei tão bem dele..."

Mel examinou o dente com carinho. Será que tinha alguma cárie? Não era possível! Ela sempre escovava os dentes depois de cada refeição, evitava comer muitos doces e, sempre que ia ao dentista, recebia parabéns por estar com os dentes saudáveis e bem cuidados... Confirmou que estava bonito e limpinho. Seus olhos se encheram de lágrimas.

Logo depois, percebeu que embaixo da caixinha havia um bilhete. Ela o abriu sem muito entusiasmo.

No bilhete, estava escrito assim:

"Mel! Que dentinho tão lindo você me trouxe!

Em troca, vim presenteá-la com o dom da FELICIDADE!

Espero que goste.

Com amor,

Sua Fadinha do Dente."

Mel sorriu um pouco desapontada. Esperou tanto por um dinheirinho. Tinha tantos planos. Por outro lado, ficou encabulada de não estar mais contente. Afinal, quem não deseja FELICIDADE?

Estava meio sem graça, pois sabia que seus amigos iriam lhe perguntar o que a fada havia trazido, e ela não se lembrava de alguém que tivesse recebido um DOM em troca de um dente. Que situação!...

Como ela bem imaginou, as outras crianças ficaram confusas, algumas até deram risadas. Mas ela tentou não se incomodar. Já que tinha ganhado o dom da FELICIDADE, decidiu que faria bom uso do seu presente e não ficaria triste com a opinião dos outros a respeito do que ganhou de sua fadinha. E, assim, Mel foi sempre buscando cultivar alegria dentro dela.

Várias semanas se passaram, e outro dentinho caiu. Mel ficou imaginando que talvez recebesse uma moedinha desta vez, ou algo que pelo menos pudesse pegar, levar para a escola e mostrar aos amiguinhos.

Porém, recebeu o dom da SABEDORIA. Como iria mostrar isso a seus amiguinhos? Mel se esforçou em aprender e compreender tudo o que acontecia ao seu redor e procurou agir com bom senso. Não queria decepcionar a sua amiga fadinha.

Depois de alguns dentinhos, ela deixou de esperar por dinheiro e passou a tentar adivinhar, feliz da vida, qual seria o próximo dom que encontraria no bilhetinho.

E assim, um por um, todos os vinte dentes de leite de Mel foram sendo trocados pelos dentes permanentes, e ela foi enchendo o seu "cofrinho"...

Mel nem sabia o significado de alguns dons, mas perguntava a seus pais ou pesquisava no dicionário. Sempre lhe agradava o que recebia, pois percebia que poderia usá-los muito no seu dia a dia. E como os dons a ajudavam!

Um dia, na escola, uma criança contou uma mentira que a fez sofrer muito. Ela ficou muito triste, mas logo se lembrou de que havia recebido os dons da VERDADE e do PERDÃO. Ser capaz de perdoar a deixou muito feliz. Pouco tempo depois, ela conseguiu recuperar aquela AMIZADE.

Então, passou a se interessar em ajudar as pessoas que estavam com qualquer dificuldade. Também nunca se ouvia Mel falar mal de alguém, uma vez que possuía os dons da CARIDADE e da BONDADE.

Certo dia, estava com medo do escuro e logo se apegou ao dom da CORAGEM, e o medo saiu correndo pela janela.

Também nunca desistia de um objetivo, por mais difícil que fosse, pois que tinha PERSEVERANÇA.

Já não sentia vontade de brigar com seus irmãos. Não mais se irritava quando seus priminhos pequenos bagunçavam seu quarto, nem ficava brava quando tinha de esperar a sua vez. Mel guardava AMOR, PACIÊNCIA e TOLERÂNCIA em seu coração.

Quando seu querido vovô ficou doente, ela não se desesperou, pois se apoiou nos dons da FÉ, da ESPERANÇA e do EQUILÍBRIO. Mel confiava que tudo o que acontecia em sua vida, mesmo que não fosse exatamente do jeito que ela queria, era para o seu bem. Também entendeu que as dificuldades faziam com que ela crescesse e se tornasse mais forte. Ela guardava a certeza de que tudo ia dar certo.

E assim, todos os dias, Mel usava os presentes que sua fadinha do dente lhe havia dado. Ela vivia e semeava JUSTIÇA e PAZ. A fadinha dos dentes estava feliz, pois sabia que havia cumprido seu papel e plantado em Mel valores que a seguiriam por toda a vida.

E, de fato, Mel, aos poucos, foi se dando conta de uma coisa:

Pedrinho já não brincava mais com o jogo que adquirira com o dinheiro dos seus dentinhos.

Ritinha sempre escolhia um sorvete e, no mesmo dia, seu presente acabava.

Felipe colecionava bolinhas de gude, mas elas se perderam.

Aninha sempre se esquecia de andar com a linda bolsinha e também não cabia mais no vestido que comprara.

Mel percebeu que, ao contrário daquilo que ganharam seus coleguinhas, os presentes que sua fadinha do dente deixara não se gastavam, não se perdiam, não se quebravam, não ficavam sem graça. Quanto mais ela usava os dons, mais eles aumentavam! Melhor ainda, eles estavam sempre com ela, não havia perigo de esquecê-los em casa.

Muitos e muitos anos depois, Mel ainda guardava, em seu cofrinho, os maravilhosos presentes que sua fadinha do dente, ou como ela chamava, a sua Fadinha dos Dons, trouxera-lhe. Todos percebiam que Mel tinha uma BELEZA especial, pois era uma beleza espiritual, aquela que não se acaba com o tempo. Com muita HUMILDADE, Mel se sentia rica por dentro e tinha muita GRATIDÃO àquela doce fadinha que lhe dera um tesouro para toda a vida.